Sohn des Nebels

Das Buch

Sie waren bereits viele Jahre lang eng befreundet, als Siegfried Meir begann, über seine schreckliche Vergangenheit zu sprechen. Georges Moustaki hörte, was sein Freund in den Konzentrationslagern der Nazis erleben musste, und verstand plötzlich dessen Misstrauen anderen Menschen gegenüber und seine Vorliebe für das Alleinsein. In *Sohn des Nebels* hat Georges Moustaki die Erlebnisse seines Freundes aufgeschrieben. Indem er das Gehörte um seine eigenen, positiven Begegnungen mit Deutschen ergänzte, gelang Moustaki ein beeindruckendes Bild jüdischen Lebens im 20. Jahrhundert.

Die Autoren

Georges Moustaki wurde 1934 in Alexandria geboren. Mit 17 ging er nach Paris und begann eine Karriere als Musiker. Er hatte schnell Erfolg als Komponist und Sänger. Heute ist Georges Moustaki weit über die Grenzen Frankreichs hinaus bekannt und beliebt.
Siegfried Meir wurde 1934 als Sohn jüdischer Eltern in Frankfurt geboren. 1941 wurde er nach Auschwitz verschleppt, seine Eltern kamen dort ums Leben. Nach seiner Befreiung 1945 ging Siegfried Meir nach Spanien und später nach Paris. Dort wurde er ein erfolgreicher Sänger, arbeitete aber auch im Kunsthandwerk und in der Modebranche.

Georges Moustaki/
Siegfried Meir

*Sohn des
Nebels*

Jüdische Erinnerungen

Aus dem Französischen
von Manfred Flügge

List Taschenbuch

List Taschenbücher erscheinen im
Ullstein Taschenbuchverlag, einem Unternehmen der
Econ Ullstein List Verlag GmbH & Co. KG, München
Deutsche Erstausgabe

1. Auflage 2001

© 2001 für die deutsche Ausgabe by
Econ Ullstein List Verlag GmbH & Co. KG, München
© 2000 by Editions de Fallois, Paris
Titel der französischen Originalausgabe:
Fils du brouillard (Editions de Fallois, Paris)
Übersetzung: Manfred Flügge
Lektorat: Diane Zilliges
Umschlagkonzept: HildenDesign, München – Stefan Hilden
Umschlaggestaltung: DYADEsign, Düsseldorf
Titelabbildung: action press, Hamburg
Satz: hanseatenSatz-bremen, Bremen
Druck und Bindearbeiten: Clausen & Bosse, Leck
Printed in Germany
ISBN 3-548-60074-3

für unsere Töchter
Pia, Laurence und Samantha

Die Nibelungen bezeichneten in der germanischen Mythologie Zwerge, die große Reichtümer besaßen und dem König Nibelung unterworfen waren, dessen Name Sohn des Nebels, *also der unterirdischen Welt, bedeutet. Siegfried hatte einen Drachen besiegt und sich in dessen Blut gebadet, wodurch er unverwundbar wurde. Er tötete Nibelung und bemächtigte sich seines ungeheuren Schatzes.*

Encyclopédie Hachette

Sohn des Nebels

Ich wurde am 3. Mai 1934 als Kind einer griechisch-jüdischen Familie in Alexandria geboren. In dieser Stadt habe ich die ersten siebzehn Jahre meines Lebens verbracht. Der Lärm des Krieges, der während meiner Kindheit in Europa heraufzog, wurde durch die große Entfernung gedämpft. Das Leben bei uns verlief ganz behaglich. Wir hatten genug zu essen und auch an Zerstreuungen fehlte es uns nicht.

Ägypten galt als neutrales Territorium, allerdings diente es den Truppen der Alliierten als Stützpunkt.

Sohn des Nebels

Als die erste Bombe auf Alexandria fiel, war ich sechs Jahre alt. Die ganze Familie kam zusammen, um sich das Schauspiel eines brennenden Hauses anzuschauen. Ich wusste noch nicht, dass es nur das erste von vielen war.

Es sah gar nicht schlimm aus. Und ich habe nicht gedacht, dass unter den Trümmern Leichen lagen. Der Schrecken erreichte uns erst durch die Bilder der Nachrichten, die ich bald darauf sehen konnte.

Im Jahr 1942, zum Zeitpunkt der Schlacht bei El-Alamein, wurde die Stadt von Panik ergriffen. Es hieß, die ersten deutschen Motorradfahrer stünden vor den Toren von Alexandria. Viele Leute packten ihre Habseligkeiten auf die Dächer alter Klapperkästen, um sich weitab der Schlachtfelder in Sicherheit zu bringen. Aber die Beunruhigung legte sich bald wieder: Montgomery hielt Rommel in Schach. Gegen deutsche und italienische

Sohn des Nebels

Georges Moustaki 1947 in Alexandria

Sohn des Nebels

Staatsangehörige wurden einige Sanktionen verhängt, weil sie als feindliche Ausländer galten, aber soviel ich weiß, gab es keine gewaltsame Verfolgung.

Meine Eltern hatten einen kühlen Kopf bewahrt. Unser Leben behielt seinen normalen Lauf mit Schule, Sonntagen am Strand, Spielen, Badengehen, Festen, Bridge und Pferderennen.

Die Beziehungen zwischen den verschiedenen Gemeinschaften wurden durch keinerlei rassistische oder religiöse Diskriminierung vergiftet. Alle Kulturen, alle Sprachen, alle Feiern waren stets die Angelegenheit von allen. Man nahm an den Festmahlen teil, die während des Ramadan bei Einbruch der Dunkelheit das tägliche Fasten beendeten, man tauschte zum (katholischen oder orthodoxen) Weihnachtsfest Geschenke und gute Wünsche aus und die freudige Erregung zu Jom Kippur war in der gesamten Stadt zu spüren. Meine Mutter

Sarah, die als Einzige in der Familie die religiöse Tradition wahrte, nahm mich manchmal mit in die Synagoge. Mit Stolz spielte ich die Rolle des Mannes an ihrer Seite. Nessim hingegen pflegte eher seine griechische Herkunft. Er nahm uns mit in Tavernen, in denen das Essen und die Musik die Sehnsucht nach Korfu oder nach Zakinthos lebendig hielten.

Auf den Schlachtfeldern hatten sich jüdische Brigaden den alliierten Regimentern angeschlossen. Die Fahne mit dem Davidstern flatterte neben der des Commonwealth. Die heilige Allianz aller Gegner von Nazideutschland erfüllte uns mit Begeisterung. Wir hatten keine Ahnung von den Leiden der Juden in Europa.

In der Stadt verbesserten die englischen Soldaten unser tägliches Leben, indem sie den Kindern Süßigkeiten und den Erwachsenen Whisky schenkten. Außerdem verdrehten sie

Sohn des Nebels

den Frauen die Köpfe und steigerten die Geschäfte der Prostituierten und der Nachtbars.

Als ich neun Jahre alt war, schenkte mir Nessim ein Fahrrad und ein Ruderboot. So konnte ich mich zu Wasser und zu Lande in völliger Unabhängigkeit, in völliger Freiheit bewegen. Fast alle meine Entdeckungen machte ich ganz allein. Man wunderte sich über diesen Knirps, der mutterseelenallein zwischen den Kriegsschiffen auf der Reede umherruderte oder zwischen den Militärautos herumradelte, die auf den Straßen kreuzten. Überall erfuhr ich großes Wohlwollen. Man beschenkte mich mit Obst, Joghurt, Johannisbrotsaft und mit freundlichen Blicken.

Seit Nessim die Leitung der größten Bibliothek in der Stadt übernommen hatte, gehörte er zu den hoch angesehenen Leuten. Meine Mutter verwöhnte meine Schwestern und mich mit Zärtlichkeiten und mit Naschereien, wie eine wahre *mamma*. Doch wie am Mittelmeer üblich, ging es nicht ohne Gezeter und gelegentliche Ohrfeigen ab.

Wir lebten in einer geräumigen Wohnung in einem wohlhabenden Viertel. Die Brüder meines Vaters wohnten in einem Arbeitervorort. Gern besuchte ich dort meine Cousins, spielte mit ihnen, begleitete meine Onkel zum Angeln und aß bei ihnen zu Hause gegrillten Fisch.

Die einzigen schulischen Einrichtungen, die in jenen Kriegsjahren normal funktionierten, waren das konfessionslose Französische Gymnasium, das von Geistlichen geleitete Collège Saint-Marc sowie die sehr viktorianische British Boy's School. Ich weiß nicht, warum meine Eltern sich dafür entschieden, ihre Kinder auf das Französische Gymnasium zu schicken. Aus praktischen Gründen? Wegen des hohen Ansehens von französischer Sprache und Kultur? Meine Schwestern und ich begeisterten uns dermaßen für das Französische, dass wir es bei uns zu Hause, wo man schon Italienisch, Griechisch und Arabisch sprach, als Umgangssprache durchsetzten.

Als Schüler war ich stinkfaul, aber begabt. Vor allem las ich gern (diese Leidenschaft konnte ich mit Hilfe der väterlichen Bibliothek befriedigen), ich liebte aber auch Kino, Theater, Musik und amerikanische Comics, die mir Sam übersetzte, ein englischsprachiger Nachbarjunge, der etwas älter war als ich. Sam besaß ein Motorrad und nahm mich mit an Orte, die mit dem Fahrrad für mich zu weit gewesen wären. Wir fuhren hinaus und zelteten auf dem schneeweißen Strand im Schatten der Feigenbäume mit ihren honigsüßen Früchten und schwammen im türkisblauen Mittelmeer. Sam erzählte mir von seinen Liebesabenteuern. Dank seiner Erzählungen wusste ich schon vor meiner Pubertät alles über die Liebe. Ich ergänzte mein Wissen, indem ich heimlich in freizügigen und reich illustrierten Büchern aus der Bibliothek meines Vaters las.

Mit einer Gruppe von Strolchen zusammen organisierte ich kleine Raubzüge, auf denen wir die Auslagen von Konditoreien plünderten oder kleinere Gegenstände im Basar entwendeten. Wir taten es einfach aus Spaß oder um Verwandten etwas ›Protziges‹ schenken zu können. Eines Tages rannte uns ein Verkäufer hinterher, schnappte uns und brachte uns zur nächsten Polizeiwache. Ich erinnere mich noch gut an die schönste Tracht Prügel, die ich je in meinem Leben erhalten habe – und zwar von meinem Vater.

Als in Europa die Waffen schwiegen, geriet der Nahe Osten in Aufruhr, weil es zu Auseinandersetzungen zwischen den arabischen Ländern und den Juden in Palästina kam. Das schöne Gleichgewicht, das in Ägypten zwischen beiden ethnischen Gruppen geherrscht hatte, wurde zerstört. Der Geist der Toleranz widerstand noch einige Zeit der Abgrenzung und so konnte ich, trotz der heraufdämmernden Gefahr gewaltsamer Auseinandersetzungen, eine Jugend erleben, die ebenso heiter war wie meine Kindheit, geprägt von unzerstörbaren Freundschaften und dem großen Hunger auf starke Gefühle, Leidenschaft und Sport.

Meine zwei Schwestern, die älter waren als ich, lockten allmählich junge Männer zu uns nach Hause. Auch ich begann mich für Mädchen zu interessieren, die mich gewollt oder ungewollt ihre Reize spüren ließen. Aber schon sehr schnell sah ich mich als kleinen Jungen eingestuft. Ich wurde nie zu ihren Parties eingeladen, bei denen man im Rhythmus der langsamen Tänze, die gerade Mode waren, das Begehren lernte.

Als ich ungefähr sechzehn war, verliebte ich mich in eine hübsche Italienerin, die zwei Jahre älter war als ich. Sie wurde stark um-

Sohn des Nebels

Georges Moustaki 1950

Sohn des Nebels

schwärmt von den ›Großen‹ ihres Jahrgangs. Um älter auszusehen, lieh ich mir einen Anzug von meinem Vater und lud sie in Tanzlokale am Meer ein. Unsere Beziehung war keusch, aber innig. Vielleicht lag es ja an meiner Dankbarkeit gegenüber der Musik, die mir erlaubte, das Mädchen ganze Nächte lang in meinem Arm zu halten, dass ich zu jener Zeit beschloss, Klavier spielen zu lernen.

Sohn des Nebels

Georges Moustaki 1950

Sohn des Nebels

1951 verließ ich mein alexandrinisches Paradies, um das andere Ufer des Mittelmeers zu erkunden, um Frankreich nicht mehr allein aus Büchern, Filmen, Chansons und der Schule zu kennen, und auch, um die existenzialistische Boheme zu erleben, von der damals so viel die Rede war. Die Heimat meiner Generation war das Quartier Latin. Junge Leute aus der ganzen Welt strömten in das Dreieck Montparnasse – Saint-Germain – Saint-Michel.

Ich suchte mir in Paris eine Unterkunft und arbeitete in verschiedenen Jobs, bevor ich meine Laufbahn als Musiker begann. Am Anfang trat ich mit meiner Gitarre in Kneipen und Restaurants auf und führte ein ›Künstlerleben‹. Die Leute waren meist sehr freigebig, wenn ich den Hut hinhielt. Wenn meine Einnahmen nicht reichten, machte ich ein paar Überstunden als Kellner oder Tellerwäscher.

Freundschaftliche und amouröse Begegnungen wurden in aller Offenheit auf der Straße oder in Cafés ausgelebt. Ohne Gehabe.

Brassens, der damals noch ganz am Anfang stand, wurde mein Pate im Bereich Chanson. Für mich war er zugleich ein Freund, ein Lehrmeister und ein Vorbild. Zu meinem ersten Liederbuch schrieb er das Vorwort. Das gab mir Vertrauen in die Zukunft und erlaubte mir den Luxus, völlig unbekümmert zu leben.

Sohn des Nebels

Als ich Siegfried in Brüssel kennen lernte, war ich zwanzig Jahre alt. Ich spielte Klavier im *La Rose Noire*, einer romantisch-süßen Bar, in die vor allem Verliebte, Unternehmer, die Jeunesse Dorée, Ganoven auf Beutezug, Dealer auf der Suche nach Kunden, Journalisten auf der Jagd nach dem neuesten Gerücht und überhaupt alle Nachtschwärmer kamen. Sie flüchteten dorthin vor dem Lärm und dem Treiben in den Stadtvierteln.

Ich war eines Abends zwischen zwei Zügen dort gelandet. Ich hatte kein Geld mehr, um mir eine neue Fahrkarte zu kaufen, und suchte einen Job. Ich spielte dem Barkeeper etwas vor und er sorgte dafür, dass ich engagiert wurde. Bestimmt hatte ihn gerührt, dass ich wie ein ausgehungerter Wolf daherkam, mit gekräuseltem Haar, das Nacken und Ohren bedeckte, mit schwarzen Jeans, Rollkragen und Dufflecoat.

Für den Barbesitzer war es ein gutes Geschäft. Er hatte eigentlich zwei Musiker für den Preis von einem: ich sorgte mit schmalzigen Melodien auf dem Klavier für ein bisschen Stimmung und gab dann im späteren Verlauf des Abends eine kleine Einlage von Chansons zur Gitarre, ganz im Stil von Saint-Germain-des-Prés. Alle waren zufrieden.

Sohn des Nebels

Ich sah ihn in das *Rose Noire* eintreten mit einem dreiteiligen Anzug und Krawatte, einem schönen Mädchen am Arm, blauen Augen und strahlend weißen Zähnen. Ein bisschen wie ein jugendlicher Liebhaber, leicht geckenhaft, doch mit eher ernster Miene. Er hatte gerade eine Laufbahn als Sänger in Paris begonnen und kam für eine Vorstellung nach Brüssel, wo es ähnliche Kabaretts gab wie auf dem linken Seine-Ufer in Paris. Er trat auf mich zu.

»Ich heiße Jean Siegfried.«

Ich fand dieses Pseudonym für einen Sänger befremdlich. Ein banaler französischer Vorname, verbunden mit einem deutschen Vornamen anstelle des Nachnamens.

Meine Sorglosigkeit als inkompetenter Pianist amüsierte ihn, die Nachlässigkeit meines Gesangs empörte ihn. Aber er empfand Sympathie für mich. Wir tauschten unsere Adressen aus.

Nach etwa zwei Jahren hatte ich mir als Verfasser und Sänger von Chansons einen Namen gemacht und hatte täglich Umgang mit den Profis der Musikszene. Eine Kollegin, Florence Véran, sagte zu mir: »Ich habe Ihren Zwillingsbruder getroffen. Es ist ein Sänger. Er heißt Jean Siegfried. Ihr ähnelt euch wie zwei Sechzehntelnoten. Er hat mich um ein Lied gebeten. Wir könnten zusammen eins für ihn schreiben.« Und wir machten uns an die Arbeit.

Sohn des Nebels

Wir verabredeten uns mit Siegfried, den ich seit Brüssel aus den Augen verloren hatte. Das Wiedersehen war herzlich. Als Florence ihm das Lied vorspielte, das wir für ihn geschrieben hatten, kommentierte er es mit sehr ernster Miene:

»Das ist nichts für mich, das ist viel zu leicht. Ich brauche so einen Stoff wie Yves Montand. Etwas, das ich auf der Bühne auch glaubhaft rüberbringen kann, mit großen Gesten, eine Geschichte, ein überraschendes Ende. Kurzum, ein solides Chanson.«

Zu mehr kam es an jenem Tag nicht.

In der nächsten Zeit trafen wir uns öfter in Kabaretts, in Nachtrestaurants, in den Vorzimmern der Verleger. Er nahm seine Karriere immer sehr ernst und war bekümmert über meinen Dilettantismus.

Als meine Affäre mit Edith Piaf die kleine

Welt des Showbusiness bewegte, konnte ich meinen Ruf als Gigolo überwinden, den mir vor allem mein Aussehen und mein Alter eingebracht hatten. Dabei halfen insbesondere einige Lieder, die ich für sie schrieb. Unter anderem *Milord*.

Genau wie viele andere begann Siegfried, das Talent zu beachten, das ich unter scheinbarer Unbekümmertheit verborgen hatte. Er sah mich jetzt mit anderen Augen. Meine Nonchalance störte ihn nicht mehr, da sie mich ja nicht vom Komponieren abhielt.

Eines Tages sagten wir uns gegenseitig unser Geburtsdatum und stellten fest, dass ich genau einen Tag älter war als er. Das gab mir ein gewisses Vorrecht: »Du wirst schon sehen, morgen, wenn du erst mal so alt bist wie ich ...«

Die Freundschaft und die äußerliche Ähnlichkeit machte uns zu Adoptivbrüdern. Als wir

Sohn des Nebels

Georges Moustaki 1970

erfuhren, dass unsere Geburtsdaten beinahe übereinstimmten, hatten wir auch wirklich das Gefühl, wir wären Zwillinge. Im Scherz ließen wir es andere Leute auch manchmal glauben.

Da wusste ich allerdings noch nicht, dass das Zwillingsthema für ihn eine ganz spezielle Bedeutung hatte ...

Ich wurde sein bester und einziger Freund. Für ihn war das sehr wichtig.

Da ich von Natur aus gesellig war, fand ich immer leicht Kontakt. Das gefiel ihm gar nicht; er war wohl ein wenig eifersüchtig auf meine Offenheit.

Und noch heute kommt es vor, dass er sich diskret entfernt, wenn ich von Leuten umgeben bin, und auf den Augenblick wartet, da er mich wieder ganz für sich haben kann.

Sohn des Nebels

Als wir uns schon viele Jahre lang kannten, war er plötzlich aus unerklärlichen Gründen bereit, sich mir anzuvertrauen. Er wollte mir alles erzählen, was er zwischen seinem siebten und seinem elften Jahr erlebt hatte. Ich hatte es zuvor nur in Bruchstücken gehört. Ich brannte darauf, mehr davon zu erfahren und mir vorzustellen, ich wäre sein tatsächlicher Zwillingsbruder, ich wäre, wie er, einige Tausend Kilometer entfernt von Alexandria zur Welt gekommen. Die Wege, die uns beide zueinander geführt haben, sind so entgegengesetzt, dass es einem Wunder gleichkommt, dass wir uns in derselben Stadt begegnet sind, denselben Beruf ausüben und dieselbe Freundschaft empfinden.

Wir haben uns gegenseitig unsere Kindheit erzählt. Unsere brüderliche Verbundenheit hat uns dies sehr leicht gemacht. Ich ahnte ja nicht, dass ich die Büchse der Pandora öffnen würde. Bei mir hat es bewirkt, dass ich ihn noch mehr liebe. Und bei ihm hat es

Sohn des Nebels

Georges Moustaki 1960

Sohn des Nebels

vielleicht geholfen, einige der Gespenster zu bannen, die ihn heimsuchen. Ich habe seine Worte festgehalten.

Ich wurde am 4. Mai 1934 in Frankfurt am Main als Sohn jüdischer Eltern geboren.

Ich habe dort bis 1941 gelebt.

Meine Mutter Jenny war Deutsche. Mein Vater war rumänischer Staatsbürger. Sein Vorname war Moses, aber alle nannten ihn Max.

Trotz der Machtergreifung der Nazis und trotz der Kriegserklärung weigerte sich mein Vater, wie viele Juden nach Amerika auszuwandern. Er war ein sehr religiöser Mensch. Er zwang uns, zur Synagoge zu gehen, die Feste zu feiern, das Freitagsgebet zu halten, die Gebetsriemen anzulegen, die Verbote zu achten.

Er war davon überzeugt, dass uns als Rumänen nichts passieren könne. Und doch erlitten wir schon allerlei Misshandlungen, wurden geschubst, geschlagen, getreten. Ich trug den gelben Stern und ging nicht mehr zur Schule.

Schon lange vor unserer Verschleppung wurden wir verfolgt. Ich verstand nicht, warum man uns den Zugang zu bestimmten Plätzen verbot oder ich plötzlich nicht mehr in die Schule durfte. Weshalb sollte mich die Tatsache, dass ich Jude war, daran hindern, zur Schule zu gehen oder mit meinen Kameraden zu spielen? Meine Erinnerungen beginnen kurz vor unser Deportation. Ich sehe meine Großmutter vor mir und ihre Heidelbeertorte. Aber nur sehr undeutlich. Ich weiß, dass ich einen Halbbruder hatte, der einundzwanzig Jahre alt war, als ich sieben war. Er hieß Heinz.

Er war mein Idol. Aber eine genaue Erinnerung an ihn habe ich nicht. Mein Vater roch nach Kampfer wie alle Leute, die an Rheuma leiden. Ein Bild von meiner Mutter habe ich nicht mehr vor Augen, auch keine Erinnerung an Zärtlichkeiten.

Ich glaube, mein Vater sah genau so aus wie ich jetzt. Als ich zur Welt kam, war er schon ziemlich alt. In meiner Erinnerung gleicht er meinem Bild von heute, mit weißen Haaren und nicht sehr groß. Das Alter meiner Eltern kann ich nicht sagen. Meine Mutter war wohl viel jünger als er. Sie war sehr dünn, groß und wirkte hart.

Als Rumänien besetzt wurde, hat man unsere Familie nach Auschwitz deportiert (nach Birkenau, um genau zu sein). Ich sehe noch, wie wir mit Koffern die Haustreppe hinuntergingen, in einen Bus stiegen, einen Bahnhof betraten. Meine Erinnerung an die Zugfahrt wird dann wieder genauer. Der Zug bestand aus kleinen Zellen von zwei mal zwei Metern, in denen man sich nicht hinsetzen konnte. Wir mussten also stehen. Ich blieb die ganze Zeit bei meiner Mutter, die mich zu trösten und zu beruhigen versuchte. Statt der üblichen Viehwagen waren es Waggons mit Gefängniszellen, in denen man uns zusammenpferchte. Während des Transports wurde ich sehr unruhig.

Am Lagereingang wurden die Gefangenen nach Männern und Frauen sortiert, es gab nicht die übliche Rechts-links-Selektion, mit der die Deportierten sonst nach ihrer Leistungsfähigkeit aufgeteilt wurden. Da wir nicht sehr zahlreich waren, war das ›Empfangskomitee‹ relativ klein. Die Häftlinge, die bei der Aufteilung halfen, konnten uns mit leiser Stimme zuraunen, uns nicht in die Reihe zu stellen, die zu den Gaskammern führen würde, unseren Schmuck zu verstecken oder ihnen zuzustecken, Goldzähne zu verbergen usw. Sie hatten aber Skrupel, uns genau zu sagen, welches Schicksal uns erwartete. Sie hatten auch Angst, erwischt zu werden. Sie halfen uns dennoch.

Später habe ich gesehen, dass die Nazis bei größeren Transporten, bei denen viele Helfer und Hunde eingesetzt wurden, ein Orchester spielen ließen. Beim Musikhören entspannten sich die Deportierten und fanden das eher angenehm. Es geschah aber nur, um die Gemüter zu beruhigen und ein Durcheinander zu vermeiden.

Als ich dann im Lager war, wurde mir sehr bald bewusst, in welcher Weise die Leute dort lebten und starben. Man gewöhnt sich sehr schnell daran, rings um sich Tote zu sehen. Da ich ein Kind war, konnte ich mich schneller anpassen und mein Überleben leichter organisieren.

Ich habe Angst gehabt. Vor allem in den ersten Tagen. Ich bin bei meiner Mutter geblieben,

Sohn des Nebels

die mich in ihrem Mantel verborgen hat. Dass ich bei unserem Eintreffen im Lager nicht entdeckt wurde, verdankte ich der Dunkelheit.

Nach zwei Monaten erkrankte meine Mutter an Typhus. Sie legte sich auf eine Holzpritsche. Man gab ihr eine Luftspritze, um sie zu erledigen. Vor meinen Augen.

Bei den Frauen gab es etwa zweihundert Personen pro Baracke. Jeden Morgen wurden die Toten herausgebracht, etwa fünfzehn. Es waren Frauen, die die Leichen aus den Frauenbaracken schleppten. Man schleifte sie über einen Knüppeldamm. Man zog sie an den Füßen, so dass die Schädel auf dem Boden hüpften. Man stapelte sie vor den Baracken zu großen Türmen, dann wurden sie mit Schubkarren abgeholt.

Nach ein paar Tagen war das Routine.

Bei den Entlausungen suchte man sogar in den Kleidernähten nach Läusen. Das geschah in fröhlicher Runde, wie beim Ausschoten von Erbsen. In dieser furchtbaren Umgebung mit dem Geruch des Krematoriums kam einem diese Zeremonie geradezu herzlich vor.

Nach dem Tod meiner Mutter wurde ich entdeckt. Niemand wollte die Verantwortung für meine Anwesenheit übernehmen. Ich habe mich beim Appell gestellt. Die Deutschen waren sehr überrascht, einen Jungen meines Alters zu sehen. Mein Aussehen als kleiner Blonder von sehr arischem Typ hat ihnen wohl gefallen und dazu geführt, dass ich am Leben blieb.

Kurz darauf wurde ich tätowiert. Dazu benutzte man eine Art Federhalter, der vorn aus drei zusammengefügten Spitzen bestand. Eine Frau machte diese Arbeit, und zwar mit der Hand. Es war sehr schmerzhaft. Später habe ich gesehen, wie Leute von Maschinen tätowiert wurden, und man hat mir gesagt, dass das gar nicht mehr wehtut.

Beim ersten Stich habe ich so laut geschrien, dass man mich festhalten musste, damit ich meinen Arm nicht bewegte. Ich hatte noch nie körperlichen Schmerz erlitten. Bis dahin war ich nur Zeuge der Leiden von anderen geworden, hatte selbst aber nie welche zu spüren bekommen.

Die Frau sagte zu mir: »Um dich zu trösten, mache ich eine besonders schöne Tätowierung.« Ich verglich nachher mit anderen, um festzustellen, ob sie etwa schöner waren als meine. Meine war die gelungenste, ein Dreieck und dazu die Nummer 117943 in Schönschrift.

Sehr viel später hat mir jemand gesagt, dass es möglich wäre, die Tätowierung mit Hilfe von Muttermilch wieder zu entfernen. Das habe ich verweigert. Nicht wegen der Erinnerung, sondern weil ich sie einfach schön fand.

Jahre später, als ich als Sänger im Libanon auftrat, bat mich der dortige Veranstalter, die Nummer mit einem Pflaster zu überdecken, um zu verbergen, dass ich Jude sei. Ich habe es getan. Schweren Herzens.

Die Deutschen haben mich aus dem Frauenlager, in das ich nicht gehörte, herausgeholt und aus mir das Lagermaskottchen gemacht. Man hat mir ein maßgeschneidertes Streifenkostüm verpasst – in meiner Größe war nichts vorrätig – und mich damit beauftragt, das Tor zu öffnen und zu schließen, wenn die Gefangenen zur Arbeit im Steinbruch oder im Straßenbau ausrückten. Wenn das Wetter schön war, spielte dazu ein Orchester. Vielleicht um die Arbeiter anzufeuern oder um die Deutschen zu unterhalten.

Bei der Heimkehr gingen die Häftlinge nur

schleppend und marschierten in ungeordneten Reihen.

Ich übte mein Amt zusammen mit einem älteren Jungen aus, dem fünfzehnjährigen Guidala, einem Polen. Wir hatten einen großen Stock. Damit trieben wir die Männer voran. Man ließ uns dabei die allergrößte Freiheit.

Nachts schlief ich in der Baracke bei den Zwillingen, an denen Mengele seine Versuche anstellte.

Man hatte mich dorthin gesteckt, weil es der einzige Ort war, an dem es Kinder gab.

Ich wunderte mich darüber, dass ich keinen Zwillingsbruder hatte. Ich schaute mich oft um, ob mir vielleicht jemand ähnlich sah. Es war wie ein Spiel.

Da ich mich den Deutschen gegenüber nicht schuldig fühlte, rebellierte ich. Ich wurde aggressiv. Vielleicht hat mir das mein Leben gerettet. Die Häftlinge gingen mit gebeugtem Rücken und schwankenden Schritten.

Eines Nachts erlebte ich, wie ein ganzes Zigeunerlager verschwand. Es existierte schon seit zwei, drei Jahren, man konnte es durch den Lagerzaun sehen. Eines Nachts haben die Deutschen beschlossen, das ganze Lager zu vernichten. Die SS hat die Zigeuner gejagt und in Konvois gesteckt oder auf sie geschossen wie auf Hasen. Die Zigeuner wussten, dass man sie zu den Gaskammern bringt. Sie schrien und wehrten sich wie verrückt.

Am nächsten Tag war niemand mehr in ihrem Lager.

Ich erinnere mich daran, dass ich miterlebt habe, wie Leute gehenkt wurden, die versucht hatten zu fliehen. Diese Hinrichtungen haben mich sehr beeindruckt, obwohl ich bis dahin schon Tausende hatte sterben sehen. Erhängen war etwas Außergewöhnliches. Es wurde zur Abschreckung als großes Spektakel inszeniert. Ich sah die Verurteilten. Einige Sekunden zuvor lebten sie noch. Dann legte man ihnen eine Schlinge um den Hals. Man hörte ein Geräusch, eine Falltür, die aufging, oder einen Stuhl, der umfiel, je nachdem.

Die Deutschen mussten wohl wissen, dass Gehängte vorzuführen eine stark abschreckende Wirkung auf jene hatte, die an Flucht dachten. Alle reagierten auf dieselbe Weise. Wir wurden gezwungen hinzuschauen und durften die Augen nicht gesenkt halten, sie überwachten uns dabei.

Wenn sie jemanden niederschossen, erhielten sie Prämien. Aber ihr Motiv war eher eine Art Wut, ausgelöst durch den Anblick von menschlichen Wesen, die auf den Zustand von Tieren heruntergekommen waren.

Die Häftlinge hoben alles auf, was für sie essbar war. Kartoffelschalen hatten für sie den Wert von Kaviar. Wenn man sie dabei erwischte, wurde es wie ein Diebstahl bestraft. Man durfte nichts anderes essen als die verabreichten Rationen. Übeltäter wurden gehängt, unter den Klängen von Orchestermusik.

Die Latrinen bestanden aus einem Zementblock mit einer großen Anzahl von Löchern in zwei Reihen. Die Häftlingen saßen dort Rücken an Rücken. Es war auch ein Treffpunkt in wichtigen Angelegenheiten. Man tauschte Nachrichten aus, man diskutierte. Da fast alle Durchfall hatten, herrschte dort ein entsetzlicher Gestank. Ein Alptraum.

Seither ist es für mich immer ein wahrer Luxus, in aller Gemütsruhe zu scheißen, mir dabei viel Zeit zu lassen und lesen zu können. Meinen Geschmack an der Lektüre habe ich auf dem Lokus gewonnen. Als ich Jahre später Lehrling war, war mein Chef erstaunt und erbost, weil ich mich immerzu auf der Toilette aufhielt, aber ich wagte nicht, ihm zu gestehen, dass ich mich dort einschloß, um den *Ball der Verfemten* zu lesen.

Gestank finde ich immer noch grauenvoll. Wenn ich die Toilette verlasse, versuche ich stets, zu lüften oder die Luft zu parfümieren.

Es gab eine Gruppe russischer Kriegsgefangener. Sie wurden allgemein respektiert. Bei ihnen bekam man Wodka, den sie von den Polen eintauschten, die draußen um den Lagerzaun schlichen, um Tauschhandel zu treiben.

Manchmal beauftragte mich die SS, Wodka zu besorgen.

Die Russen soffen und sangen und lachten, bis sie sturzbetrunken zu Boden fielen. Sie galten als unantastbar. Sie hatten ihre Soldatenuniformen behalten. Ich habe gesehen, dass die Russen ihre Köpfe nicht senkten, wenn SS-Leute vorbeikamen, ja dass sie sie manchmal auch provoziert haben. Die Deutschen ließen sie gewähren, während ein Jude in einem solchen Fall einen Genickschuss erhalten hätte. Die SS mochte keine Unterwürfigkeit.

Im Winter waren die Deutschen noch leichter reizbar. Selbst ihnen setzte der Wechsel der Jahreszeiten zu. Aber nicht ein einziger russischer Gefangener schien Angst zu haben. Durch sie hörten wir vom Vormarsch der Roten Armee. Ich weiß nicht, woher sie es wussten. Vielleicht erfanden sie es, um sich Hoffnung zu machen. Sie waren niemals verzweifelt. Einige sind ganz blöde gestorben, aus purer Provokation. Einige Russen haben sogar SS-Leute umgebracht. Sie waren bereit, SS-Männer zu töten, auch wenn es sie ihr Leben kostete. Sie stürzten sich auf sie, um sie zu erwürgen, und man musste sie erschießen, damit sie losließen. Es war die einzige Nationalität, die sich so benommen hat. Kein einziger Russe ließ sich gängeln. Sie akzeptierten die Arbeit, aber niemals mit Unterwürfigkeit. Sie starben vielleicht vor Hunger, aber sie waren nie die Zielscheibe der SS-Leute, die sich eher an Kranken und Schwachen vergriffen.

Als ich vom Frauenlager ins Männerlager kam, habe ich nach meinem Bruder und meinem Vater gesucht. Mein Vater war von uns getrennt worden. Man hatte uns in den gleichen Zug gesteckt, aber dann habe ich ihn nicht mehr gesehen. Ich versuchte alles, um ihn wiederzufinden.

Im Männerlager erfuhr ich dann, dass man ihn einem Arbeitskommando zugeteilt hatte. Er war ja schon älter und nicht sehr kräftig gewesen und jemand aus demselben Kommando hat mir erzählt, dass er einen schweren Stein getragen und fallen gelassen hatte, woraufhin ein Wächter herbeigeeilt war und ihn in einen Abgrund gestoßen hatte. So etwas kam jeden Tag vor und man erzählte die Dinge schonungslos. Als ich erfuhr, dass mein Vater tot war, ließ mich das eigentlich kalt. Es war ein seltsamer Eindruck.

Über meinen Bruder habe ich nichts erfahren.

Von morgens bis abends lungerte ich herum. Ziellos ging ich von Baracke zu Baracke. Es gab eine für Schneider, eine für Schuster usw. Jede Zunft hatte ihre eigene. Es war alles gut organisiert. Auf deutsche Art. Ich befürchtete trotz allem, dass ich eines Tages vergast werden könnte. Während des Appells wurden einige Burschen abgeführt zur Liquidierung. Ich kannte den Anblick der Gaskammern. Ich sah die Verbrennungsöfen, die vierundzwanzig Stunden lang in Betrieb waren, den Gestank von verbrannten Leichen und einen dichten schwarzen Rauch verbreiteten. Ich sagte mir, ich müsste um alles in der Welt vermeiden, den Öfen Brennmaterial zu liefern. Ich versuchte, der SS nicht im Wege zu stehen. Mei-

Sohn des Nebels

ne Hauptsorgen: essen und üble Begegnungen vermeiden.

In den ersten Tagen ist man verwundert über den Geruch von verbranntem Fleisch und fragt sich, was das wohl ist. Dann erschrickt man. Später versucht man mit allen Mitteln, verschont zu bleiben.

Von denen, die draußen arbeiteten, wussten wir, dass es auch Scheiterhaufen gab. Sie ergänzten die Öfen bei der Eliminierung der Leichen. Man sah sie von weitem. Sie ähnelten den Feuern, in denen auf dem Land trockene Sträucher verbrannt werden. Aber das Brandmaterial hier waren Leichen.

Im Frauenlager hatte ich mich einigermaßen sicher gefühlt, vor allem dank des Schutzes durch die Barackenchefin. Die Kapos dort waren Deportierte, die von den Deutschen gevögelt wurden. Man zwang sie, sich zu prostituieren, es war ihre Chance zu überleben.

Sie verwöhnten mich sehr. Ich glaube, dass ich mich schon selbst befriedigte. Der Umgang mit diesen Frauen war gewiss erotisch. Sie gingen nicht arbeiten. Sie waren für die Sauberkeit verantwortlich, für den Appell, für das Wegschleppen der Toten, für das gute Funktionieren der Baracke. Sie aßen besser. Die Deutschen, die mit ihnen schliefen, brachten ihnen zu essen mit, Konservendosen, Konfitüren usw. Diese Frauen haben sich um mich gekümmert.

Ich habe unter Hunger und Kälte gelitten, ohne mir dessen bewusst zu sein. Ich habe nie Quälereien erlitten. Selbst das, was andere Kinder in ihren Familien oder Internaten erdulden, habe ich nie erlebt. Ich fühlte mich privilegiert. Wie ein kleiner König. Ich erinnere mich auch nicht, dass man zu mir Schimpfworte gesagt hätte wie ›Schwein‹ oder ›Saujude‹. Ich hörte aber, dass man sie zu anderen sagte.

Dort, wo ich schlief, waren die Betten wie Regale. Sechs Personen schliefen in einer Reihe. Wenn ich hinten lag, konnte man mich nicht sehen. Wenn es eine Inspektion gab, dann versteckte ich mich ganz hinten. Deshalb habe ich auch so lange durchhalten können, ohne dass man mich entdeckte.

Ich habe Typhus bekommen. Wenn man krank wurde, war man im Allgemeinen reif für den Transport zum Tod. Die Frauen haben mich aber im Verborgenen gepflegt.

Typhus kriegte man von den Läusen. Mein ganzer Körper war übersät mit entzündeten Stichen. Die Frauen rieben mich mit einer schwarzen Pomade ein und wickelten mich in Streifen aus sehr trockenem Papier. Wie eine Mumie. Ich durfte mich auf keinen Fall kratzen. Ich tat es trotzdem und bekam ganz schwarze Fingernägel. Ich hatte Fieber.

Erst in der Zwillingsbaracke bin ich richtig

gesund geworden. In den schlimmsten Augenblicken war immer jemand zur Stelle, der mir weitergeholfen hat. Dieselben Ärzte, die im Zuge ihrer Menschenversuche getötet haben, haben mich gerettet. Danach bin ich gesund geblieben. Bis zur Befreiung habe ich keine weiteren Krankheiten gehabt.

Ich weiß nicht, wer bestimmt hatte, dass ich zu alt sei, um bei den Frauen zu bleiben, nachdem ich einmal entdeckt war. Die Blockchefin, eine SS-Frau, war nicht wütend, sondern nur verwundert und die beiden Barackenchefinnen, die sich um mich gekümmert hatten, haben meine Anwesenheit erklärt und gestanden, dass sie mich versteckt hatten.

Bis dahin war ich nicht registriert und nahm nicht an den Appellen teil. Ich frage mich noch heute, wie das möglich war. Die weiblichen Kapos mussten einigen Einfluss auf die SS-Leute haben. Und ich habe den Eindruck, dass mir mein Aussehen und meine Beherrschung der deutschen Sprache geholfen haben. Ich hatte nicht die Art eines Juden, der immer den Kopf beugt und alles mit gekrümmtem Rücken hinnimmt. Ich war nicht unterwürfig und wurde nicht systematisch verfolgt. Ich war das einzige Kind meines Alters im Lager. Für die Deutschen war es eine unterhaltsame Abwechslung.

Die männlichen Kapos waren meistens Straftäter deutscher Nationalität, die zu Barackenverantwortlichen oder Vorarbeitern ernannt worden waren. Auch sie trugen die gestreifte Häftlingskleidung und wurden ebenfalls durch die SS kontrolliert. Gegenüber den anderen Häftlingen erlaubten sie sich grundlose Bosheiten und Grausamkeiten. Diese Erniedrigungen sind schwer zu schildern. Man stelle sich einen Mann von etwa vierzig Jahren vor, der wie ein ganz normaler Mensch aussieht und den man zwingt, sich wie ein Tier zu verhalten, auf allen vieren zu kriechen, Fußtritte einzustecken, sich beschimpfen zu lassen. Und das alles ohne Grund. Es hatte nicht den Zweck, sie bei der Arbeit anzutreiben. Unter den Kapos gab es auch einige Juden.

Es gab einen speziellen Stuhl, auf den während des Appells Leute ›gesetzt‹ wurden, mit dem Gesäß nach oben und dem Kopf nach unten, um ihnen Schläge zu verabreichen. Dies geschah nicht immer als Strafe für irgendwelche Vergehen. Es war eher eine Art Warnung vor jeder Art von Aufsässigkeit.

Erst am Ende des Krieges, 1945, erreichte die Rote Armee Auschwitz. Die Deutschen haben versucht, die Spuren des Lagers zu verwischen. Es herrschte Panik. Man tötete so viele Leute wie möglich. Man hat das Tor aufgesperrt und uns nach Österreich (Mauthausen) gejagt. Der Abtransport war mehr oder weniger organisiert. Man gab uns ein Brot – oder das, was man für ein Brot hielt – und ein wenig Margarine. Wir durften auch

Decken mitnehmen. Unsere Wächter waren keine SS-Leute mehr, sondern Soldaten der Wehrmacht. Ich erinnere mich, dass wir kurze Zeit mit einem Zug fuhren. Der Konvoi wurde von tschechischen oder jugoslawischen Partisanen angegriffen und viele Häftlinge sind geflüchtet. Danach ging es zu Fuß weiter und die Leute starben vor Erschöpfung, vor Hunger oder vor Kälte. Man durfte nur nicht hinfallen, denn dann wurde man abgeknallt. Als ich völlig erschöpft war, hat mir ein Unbekannter geholfen, Mauthausen zu erreichen.

Danach kommt ein schwarzes Loch. Ich weiß nicht mehr, wie ich bis zum Lager gekommen bin. Ich erinnere mich nur noch daran, dass ich unterwegs in einer Scheune neben der Straße geschlafen habe, kann aber nicht sagen, wie lang unsere Strecke war, zweihundert Kilometer oder dreihundert ...

In Mauthausen blieb ich mehrere Monate. Ich

habe aber keine Belege. Ich war niemals daran interessiert, die Daten zu verifizieren. Ans Lagerleben war ich schon gewöhnt. Die Häftlinge hier waren alle kahl geschoren. Ich war sehr stolz auf meine lockige Haarpracht, ich habe geschrien und mich gegen das Abschneiden gewehrt. Der Friseur war entsetzt bei dem Gedanken an die Strafe, die ihn erwarten würde. Der Lagerkommandant von Mauthausen kam herbei, weil er über das Geschrei verwundert war, und ließ sich meine Geschichte erzählen. Er war sehr gerührt und hat sogar geweint. Ich durfte meine Locken behalten. Er war der einzige Deutsche, bei dem ich ein menschliches Verhalten erlebt habe. Aber auch er ließ Gefangene töten und seinen Hunden zum Fraß vorwerfen. Nach der Befreiung wurde er von den Häftlingen gelyncht. Er hieß Bachmaier, aber das habe ich erst später erfahren.

Er ließ mir einen Anzug maßschneidern (das war das zweite Mal): eine Feuerwehruniform mit goldenen Knöpfen – ganz etwas anderes als die gestreifte Kleidung in Auschwitz –, dazu Maßstiefel in russischem Stil.

Er gab den Befehl, man solle mich in Ruhe lassen. Man steckte mich in die Baracke der Spanier. Dort lernte ich meinen Adoptivvater kennen, Saturnino Navazo. Er war ein Fußballspieler und wurde besser behandelt, weil er zur Zerstreuung für die Deutschen Fußballspiele veranstaltete. Er war Sozialist. Von Politik sprach er nur wenig. Er hatte im Bürgerkrieg gegen Franco gekämpft. In Spanien hatte er bei Atletico gespielt und sprach andauernd vom Fußball. Wenn er von Politik sprach, hörte ich nicht so genau zu. Mit seinen spanischen Kameraden war er sehr solidarisch. Er war ein richtiger Anführer. Durch seine privilegierte Stellung hatte er gewisse Vorrechte, die er für seine Kameraden nutzte, wenn sie in Schwierigkeiten waren. Es waren Spanier, die Mauthausen gebaut hatten. Sie haben das Lager Stein für Stein errichtet. Eine

Sohn des Nebels

Siegfried Meir mit seinem Adoptivvater (rechts) und einem Freund 1945 in Toulouse

große Zahl von ihnen ist dabei ums Leben gekommen. Es waren alles republikanische Spanier. Mein Adoptivvater hat beim Bau einen Finger verloren.

Als ich nach Mauthausen kam, war die Lage für ihn und seine Kameraden erträglich, aber es war nicht immer so einfach gewesen.

Von seiner Familie sprach er oft, aber niemals von Spanien.

Er beschützte mich. Vor allem vor den sexuellen Übergriffen der Deutschen und manchmal auch der anderen Gefangenen. Vor allem der Russen. Man hatte mir beigebracht, die Schwulen an ihrem rosa Dreieck zu erkennen.

Es gab vor allem einen bestimmten SS-Mann, bekanntermaßen homosexuell, der nach mir suchte, sobald er betrunken war. Dann schrie er: »Wo steckt der Kleine?« Sofort bildete sich eine Art Buschtelefon, man warnte mich rechtzeitig, damit ich mich verstecken konnte.

Es kam vor, dass die Deutschen mich zum Abstechen der Schweine verpflichteten. Es gab einen Raum, in dem sich die Tiere drängten. Wir bekamen ein Messer in die Hand. Man musste ein Schwein einfangen, sich rittlings draufsetzen, es am Hals packen, während es weiterrannte, und es abstechen. Ich tat es und lachte dabei. Ich war ganz voll Blut. Scheußlich … Quieken und Schreie. Aber wir amüsierten uns. Die Deutschen standen daneben.

Später kriegte ich dann Alpträume, die mit diesem Abschlachten zusammenhingen. Ich weiß aber nicht, ob es Tag- oder Nachtträume waren.

Im Übrigen ließ man mich eher in Ruhe. Ich konnte sogar das Lager verlassen, ich hatte keine Funktion. Man schickte mich zum Einkaufen und in der Kantine für die Deutschen stahl ich Würste. Die spanischen Häftlinge, die dort arbeiteten, waren Komplizen. Ich nutzte die Tatsache aus, dass meine Hose als Reithose geschneidert war mit weit ausladenden Seiten, in denen ich die Wurst verstecken konnte. Bei den Kapos stand ein Herd. Auf dem rösteten sie Kartoffeln. Ich habe das Rezept für die Röstkartoffeln behalten. Noch heute bereite ich sie auf dieselbe Art zu. Fast völlig ohne Fett.

Am 5. Mai 45, einen Tag nach meinem Geburtstag, sind die Amerikaner angekommen. Die SS-Leute waren schon fort. Wir wurden von Polizisten aus dem Umkreis bewacht. Schon zwei Wochen vor dem Eintreffen der Amerikaner hatte jede Lagerordnung aufgehört. Es gab keinen Appell mehr und keine Arbeitseinsätze. Wir ernährten uns von den Reserven.

Die Amerikaner haben die Tore geöffnet. Sie

Sohn des Nebels

Siegfried Meir neben seinem Adoptivvater und einem Freund nach der Befreiung 1945 in Mauthausen.

haben Lebensmittel verteilt und versucht, alle Überlebenden zu retten.

Die mutigsten, gesündesten, kräftigsten Gefangenen wollten die SS-Leute aufspüren, die sich im benachbarten Dorf versteckt hatten.

Das letzte Bild, das ich von Mauthausen bewahrt habe, war eine Pyramide aus verwesenden Leichen, die man übereinander geworfen hatte. Es stank.

Man steckte uns in Übergangslager. Ich hätte in ein Lager für Kinder kommen sollen. Aber mein Adoptivvater und ich beschlossen, mich als seinen wirklichen Sohn auszugeben. Die Amerikaner nahmen es nicht so genau. Ich sprach Spanisch und noch sechs andere Sprachen, die ich im Lager gelernt hatte, ich konnte sie leicht täuschen.

Sohn des Nebels

Ich habe mich oft gefragt, wie all das möglich gewesen ist. Ich konnte das, was ich gesehen hatte, nicht glauben, auch nicht, dass es vorüber war. Während man die Dinge erlebt, denkt man an nichts, man urteilt nicht, man beschränkt sich darauf, der SS oder den Kapos nicht in die Quere zu kommen.

Als ich erwachsen war, hatten alle Kriege, alle Massaker, ob in Vietnam oder anderswo, wenigstens den Anschein von rationaler Begründung. Es waren verdammenswerte Auseinandersetzungen, aber doch mehr oder weniger erklärbar.

Was ich nicht verstanden habe und niemals verstehen werde, ist, dass man während eines Krieges eine ganze Kategorie von Menschen umbringt. Darin liegt keinerlei Logik. Der Hass erklärt auch nicht alles. In Frankreich redet man heute sehr viel über die Einwanderung. Die Leute glauben, dass eine Art Invasion stattfindet. Sie wollen ihre Gewohnheiten nicht ändern. Sie wollen sie vertreiben.

In Deutschland vertrieb man die Leute nicht. Man tötete sie. Die ganze Familie meiner Mutter ist in die USA gegangen. Mein Vater hat gesagt: »Uns wird man schon nichts tun.«

Noch heute, wenn ich in Paris in die Rue des Rosiers gehe, dann ärgere ich mich über die Juden, die traditionelle Kleider tragen. Eines Tages sah ich einen jüdischen Großvater, der sich in dieser Art anzog. Er hielt ein kleines Mädchen an der Hand, das ein Kleid in sehr bunten Farben anhatte. Da kam mir wieder das Bild von den Kindern ins Gedächtnis, die an der Hand von alten Männern zu den Gaskammern gingen. Es hat mich wütend gemacht. All dieses Getue, diese Verkleidungen – denn für mich sind es Verkleidungen – regen mich jedesmal auf. Ich bin für die Assimilation. Die Juden, anders als die Schwarzen, die Asiaten oder die Araber, können in der Masse aufgehen.

Wenn Moses wirklich existiert hat, dann war er vielleicht eine Art Dorfältester, der, als er sah, wie undiszipliniert sein Dorf war, Gesetze festlegte und eine Verfassung erfand, die sich auf die Autorität eines Gottes berief.

Ich kann den Sinn von keinem Glauben akzeptieren. Von welchem auch immer.

Die Wirklichkeit des Holocausts wird heute manchmal in Zweifel gezogen. In tausend Jahren wird man vielleicht die Version glauben, nach der er nie stattgefunden hat.

Sohn des Nebels

In dem Kinderheim, in dem ich in Paris (nach dem von Toulouse) gewohnt habe, kamen jeden Freitagabend nach dem Gebet Leute von der Haganah, die uns davon überzeugen wollten, wie schön das zionistische Ideal und das Leben im Kibbuz seien. Sie hätten mich gewiss überzeugt, wenn es nicht die Religion mit ihren Riten gegeben hätte.

Mein leiblicher Vater hat die ganze Zeit nur von Gott gesprochen. Navazo hingegen war Atheist. Wenn die Juden eine Nation darstellen, dann ärgert es mich, zu dieser Nation zu gehören. Vielleicht wegen all dem, was ich (wie andere Juden auch) in Auschwitz erlitten habe.

Vier Jahre lang habe ich nur Menschen mit gebeugtem Nacken gesehen, die im Namen jenes verdammten Gottes alles fatalistisch hingenommen haben und die wie die Schafe im Schlachthaus gestorben sind – das kann ich einfach nicht akzeptieren.

Du sagst zu einem Kind: sprich dein Gebet, du gehörst zum auserwählten Volk und all diesen Blödsinn aus der Synagoge. Und dann kommst du in ein Lager, wo man die Leute umbringt. Da fragst du dich, wo Gott denn ist? Mein Vater, der Gläubigste von allen, ist sofort gestorben. Ein Kind denkt nicht über das nach, was mit ihm geschieht. Erst der Erwachsene macht sich Gedanken. Sogar nachträglich. Versuch dir das mal vorzustellen: du bist bei dir zu Hause, du bist sieben Jahre alt. Es gibt antisemitischen Radau. Hitler kommt an die Macht. Man schellt an deiner Haustür, holt dich ab und beschimpft dich. Du kannst es vielleicht verstehen. Aber dein Sohn oder deine Tochter begreifen es nicht.

Als man mir eine Moral eintrichtern wollte, einen Begriff von Gut und Böse, dass man nicht stehlen soll usw., da hat man sich auf die Religion berufen. Jedes Mal, wenn sie das Wort *Gott* aussprachen, kriegte ich Lust, ihnen den Hintern zu versohlen.

Sohn des Nebels

Die Gruppe der Spanier nach der Befreiung 1945 in Mauthausen, Siegfried Meir ist vorn links.

Sohn des Nebels

Als wir aus Deutschland zurückkamen, waren da noch sieben Kameraden meines Adoptivvaters. Sie zeigten mir alle die gleiche Zuneigung. Die befreiten Kinder wurden in die USA geschickt. Aber ich wollte meinen Vater nicht verlassen. Ich habe ihn angefleht, er solle mich bei sich behalten. Aus panischer Angst vor dem Unbekannten klammerte ich mich an ihn. Er wusste nicht, was er machen sollte, und hatte keine Vorstellung von seiner Zukunft, er war etwa achtundzwanzig Jahre alt. Ich habe ihn schließlich überzeugt. Wir haben beschlossen, dass ich als sein Sohn gelten sollte. Als mich die Amerikaner nach meinem Namen fragten, nannte ich jenen, den mir mein Vater gegeben hatte: Luiz Navazo. Ich weiß noch genau, wie die Straße in Madrid hieß, in der ich angeblich geboren wurde: Calle Don Quijote 49, Cuatro Caminos.

Bis zu meinem Volksschulabschluss habe ich mich so genannt. Erst danach habe ich wieder meinen wahren Namen angenommen: Siegfried Meir. Dazu brauchte ich eine Geburtsurkunde aus Frankfurt. Alle standesamtlichen Unterlagen meiner Familie waren noch vorhanden. Die Registrierung der Häftlinge in den Lagern war geradezu vorbildlich, alles wurde auf das Sorgfältigste verzeichnet. Dank der deutschen Bürokratie hat mein Anwalt, ein Herr Strauss, viele Jahre nach der Befreiung eine Entschädigung für mich erwirken können und sogar eine lebenslängliche Rente für meine Deportation.

Von Mauthausen hat man uns nach Paris ausgeflogen. Es war meine erste Reise in einem Flugzeug. In einer Dakota, deren Rumpf Einschusslöcher hatte. Die Luft pfiff durch diese Löcher und das machte mir Angst. Ich erinnere mich an die Nacht im Keller des Hotels Lutetia (ich erfuhr diesen Name erst später). Von dort sind mein Vater, seine Kameraden aus dem Lager und ich in die Region von

Toulouse gegangen, wo ein Halbbruder von ihm wohnte, der sich dort während des Krieges versteckt hatte. Stanislas war Bäcker von Beruf. Mein Vater hat vermutet, dass er in Frankreich ist. Er hat ihn durch das Rote Kreuz suchen lassen und man hat ihn schließlich in Revel gefunden.

Mein Vater ist erst wieder nach Spanien gefahren, als er die französische Staatsbürgerschaft hatte. Bis dahin hat er Angst vor Repressalien gehabt.

Am Kampf gegen Franco hatte er sich bestimmt freiwillig beteiligt. Nach Francos Sieg war er aus Spanien vertrieben worden. Statt sich zu verstecken und nichts zu tun, ist er nach Frankreich gegangen und hat dort den Kampf gegen Deutschland weitergeführt, das Franco geholfen hatte.

Als er verhaftet wurde, war er Kriegsgefangener und trug die französische Uniform. Das hat ihm später eine französische Rente eingebracht.

Nach dem Krieg hat er sein übriges Leben lang als Lackierer bei einem Kunsttischler gearbeitet und er hat wieder Fußball gespielt. Ich war sein Masseur. Vor den Spielen massierte ich ihn und kümmerte mich um seine Ausrüstung. Um ihm eine Freude zu machen, bin ich in die Fußballmannschaft von Revel eingetreten.

Ich konnte weder lesen noch schreiben. Das habe ich erst in Revel gelernt. Ich ging als Elfjähriger in eine Klasse mit Kindern, die erst fünf waren. Aber ich war darüber nicht verbittert.

Die sieben Kameraden meines Vaters haben sich in einem Haus eingerichtet. Stanislas konnte ihnen Arbeit besorgen. Einer von ihnen lebt heute noch in Revel. Einer ist gleich nach der Ankunft umgekommen. Nachdem er die Deportation überlebt hatte, ist er an Überernährung gestorben. Sein Körper war nicht mehr an Nahrung gewöhnt. Ein anderer ist nach Venezuela ausgewandert. Zwei sind in Revel geblieben, von denen einer später gestorben ist. Von zwei weiteren weiß man gar nichts. Ich hatte meinen Vater, aber ich war auch wie der Sohn von allen sieben. Sie kümmerten sich um mich. Ich hatte eine Manie, ich stahl. Ich war es ja so sehr gewohnt, alles mitgehen zu lassen. Ich tat es allerdings sehr ungeschickt. Meine ›Väter‹ brachten sehr viel Geduld auf, um mir klar zu machen, dass diese Periode vorbei war. Ich stahl sogar in dem Haus, in dem wir wohnten, ich stahl den Zucker, den ich so gern aß, und versteckte ihn unter meinem Kopfkissen.

Manchmal gingen wir in einem Hotel essen, dessen Inhaber Sympathien für unsere Gruppe hegte. Mein Vater war von unglaublicher Zärtlichkeit und Fürsorge. Ich wurde immer eingeladen, wenn sie dreizehn bei Tisch wa-

Sohn des Nebels

Die Gruppe der Spanier im Mai 1945 in Mauthausen, Siegfried Meir in der Mitte, rechts neben ihm sein Adoptivvater

ren, um die Zahl vierzehn voll zu machen. Man lud mich auch ein, damit ich von meinem Leben im Lager erzählte. Ich aber dachte nur an eines: was könnte ich wohl stibitzen. Zuletzt hatte ich die Nase voll davon, meine Geschichte zu erzählen, ich ließ die Gastgeber abblitzen.

In Revel ging ich in zwei verschiedene Schulen. Aus der ersten hat man mich rausgeschmissen. Der Lehrer hatte einen Bambusstock. Er bestrafte die Kinder, indem er sie beide Hände vorstrecken ließ (die Handfläche nach oben) und draufschlug. Das wollte ich mir nicht gefallen lassen. Die Leute waren mir gegenüber meist freundlich und verständnisvoll. Aber dieser Lehrer wurde eines Tages wütend. Er trat auf mich zu, um mich zu schlagen. Ich nahm ein Tintenfass und warf es ihm ins Gesicht. Ich wurde von der Schule verwiesen. Da war mein Vater zum ersten Mal verzweifelt. Er dachte, dass es bös mit mir enden würde. Nun schickte man mich auf eine sehr bekannte Schule, auf die Kinder aus vielen verschiedenen Ländern gingen. Der Präsident Vincent Auriol war dort Schüler gewesen. Ich brauchte gute Beziehungen, denn ich tat keinen Schlag. Dank meiner Spanischkenntnisse konnte ich den Größeren helfen, die mich als Gegenleistung in ihre Clique aufnahmen. So erhielt ich einen gewissen Status.

Als ich meine Prüfungen bestanden hatte, ging ich es meinem Vater mitteilen. Wir fielen einander in die Arme. Es war das Abschlusszeugnis der Grundschule.

Mein Vater hat geheiratet. Gleich nach seiner Ankunft hatte er sich mit einem Mädchen verlobt. Er war sehr glücklich mit ihr. Sie hat ihm vier Kinder geboren. Er war stets guter Laune, machte immerzu Witze, und wenn man ihn sah, dann konnte man sagen, dass man es mit einem glücklichen Menschen zu tun hatte.

Seine Frau war furchtbar zu mir. Sie war vulgär und bösartig und sie konnte mich einfach nicht ausstehen. Ich war ihr ein Hindernis. Heute kann ich mich gut in die Lage meines Vaters versetzen. Aber ihr werde ich niemals vergeben. Ich behinderte ihre Pläne zur Gründung einer Familie ... Ja, ich selbst fühlte mich überflüssig. Mein Vater beharrte darauf, dass ich dabliebe. Aber sie war eine wirkliche Schlampe. Sie ließ mich nur dreckige Arbeiten machen und schwärzte mich bei meinem Vater an. Wenn ich aus der Schule kam, schloss sie den Schrank ab, damit ich nichts essen konnte. Sobald ich mein Zeugnis hatte, sagte ich zu meinem Vater: »Ich muß hier weggehen.«

In Revel lebte ein Handelsvertreter, ein Pole, der mir eine Arbeit in Toulouse besorgen konnte. So wurde ich mit fünfzehn Jahren Zuschneiderlehrling und bin fortgegangen. Zuerst kam ich jedes Wochenende nach Revel zurück, aber dann immer seltener.

Sohn des Nebels

In Toulouse habe ich mit dem Singen angefangen. Im Schneideratelier sangen alle. Das gefiel mir sehr. Bei uns arbeitete auch die Kusine eines Sängers, der mit einem Orchester in einer Tanzbar auftrat. Ich erzählte ihr, wie gern ich singen würde. Sie sagte mir, dass ich es lernen müsste. Sie stellte mich dem Dirigenten vor, der mit mir Chansons einstudierte und mich auf dem Klavier begleitete. Ich durfte auf Bällen singen und die Maracas halten. Ich sang Lieder wie *Cerises roses et pommiers blancs*. Dann nahm ich an einem Gesangswettbewerb teil. Ich habe nicht gewonnen, aber es machte mir Spaß und ich bekam Lust, weiterzumachen. Ich las sehr viele Kinozeitschriften und beschloss, nach Paris zu gehen. Ich hatte mir gesagt: »Wenn ich Künstler werden will, dann muss ich nach Paris gehen.«

Ich erhielt einen Vorschuss für einen Monat und man verschaffte mir eine Unterkunft in Neuilly, in einem Kinderheim. Dort lernte ich Jean Schmidt kennen, der in den siebziger Jahren als Schauspieler und Filmregisseur bekannt wurde. Es war ein jüdisches Heim, äußerst zionistisch, äußerst jüdisch, äußerst religiös – unerträglich. Dort wohnte auch André Schwarz-Bart. Dass er Schriftsteller werden wollte, wusste ich nicht. Das erfuhr ich erst 1959. Da traf ich ihn zufällig auf der Straße, wir grüßten uns und sprachen miteinander über dies und das. Dann ging ich weiter und las plötzlich seinen Namen auf dem Plakat im Schaufenster einer Buchhandlung. Er hatte soeben den Prix Goncourt erhalten für seinen Roman *Der Letzte der Gerechten*. Er hatte das überhaupt nicht erwähnt.

Ich suchte keine Arbeit, ich besichtigte Paris. Ich hatte den Akzent von Toulouse und keinerlei Bildung. Als wir in unserem Zimmer darüber diskutierten, riet man mir, auf eine Schauspielschule zu gehen, damit ich meinen Akzent loswürde. Schmidt war bei dem Re-

Sohn des Nebels

gisseur Charles Dullin. Er schrieb mich bei ihm ein.

Nach dem Vorbild des Namens von Marlene Dietrich, von dem Jean Cocteau gesagt hat: »Er beginnt wie ein sanftes Streicheln und endet wie ein Peitschenhieb«, nahm ich ein Pseudonym an, das ganz sanft begann mit *Jean* und mit einem viel energischeren Klang endete, mit *Siegfried*. Ich merkte gar nicht, dass die Franzosen Probleme hatten, diesen Namen auszusprechen. Ich habe ihn jedenfalls beibehalten. Vielleicht verdankte ich es ja meinem Vornamen Siegfried, dass ich von den Deutschen verschont wurde, die sich über jiddisch klingende Namen wie Moische oder Isaak ärgerten.

Tagsüber arbeitete ich im Schneideratelier Stern. Unser Handelsvertreter aus Toulouse hatte mich dort empfohlen. Mit meinem Gehalt bezahlte ich den Unterricht bei Dullin. Ich studierte Szenen ein. An diese Zeit erinnere ich mich gern. Ich sah aus wie ein jugendlicher Liebhaber, aber alle meine Lehrer fanden mich zu ernst, zu streng, zu schwermütig. Als ich sah, dass man mir nur Rollen gab, die nicht zu meinem Charakter passten – ich träumte davon, Jago zu spielen oder die großen Rollen –, da gab ich es auf.

Die große Offenbarung erlebte ich eines Abends im *Etoile* – mit Yves Montand. Das hat meinen weiteren Weg bestimmt. Ich studierte seine Lieder ein (*Quand un soldat, Les feuilles mortes* usw.). Ich habe mich in einem Kabarett in Pigalle vorgestellt, dem *Chez Bracanto*. Ein privates Probesingen lehnte ich ab. Ich wollte nur öffentlich vorsingen. Ich trällerte drei Lieder, darunter *Rue Saint-Vincent* und *Quand un soldat*. Es war eine Nuttenkneipe. Die Nutten redeten dem Chef, Bracanto, gut zu, dass er mich engagiert. Ich sang jeden Abend für ein Sandwich. Später hat mich ein anderer Nachtklub in Pigalle als Ansager engagiert. Dort erlebte ich meine große Liebe: Titchka. Wir verbrachten ganze Nächte damit, uns zu streicheln und zu masturbieren, wagten es aber nicht, weiter zu gehen. Sie war auch meine größte Enttäuschung in der Liebe.

Von da an lief es wirklich gut bei mir. Ich bin in den Nachtklubs auf dem linken Seine-Ufer aufgetreten. Dort sangen auch Barbara, Darras und Noiret. Da hat alles angefangen.

Ich wollte aus den Kabaretts heraus. Man hat mich für Varietés verpflichtet: dem *Pacra*, dem *Bobino* usw. Ich hatte erste Auftritte im Fernsehen, machte Tourneen durch Frankreich und im Ausland, nahm erste Platten auf.

Eines Tages habe ich mich im *Olympia* beworben. Dessen Chef, Bruno Coquatrix, war bereit, mich zu empfangen.

Er bestellte mich zu sich. Ich traf ihn völlig nackt an, er wurde gerade massiert. Er stellte mir Fragen. Ich war voller Elan und Begeisterung.

»Das Problem ist nur, dass ich nicht weiß, wo ich dich hinstecken soll. Ich brauche die Zustimmung der großen Stars der Show. Wenn ich eine Möglichkeit sehe, dann rufe ich dich an.«

Er sprach, ohne mich anzuschauen. Ich ging fort, gedemütigt und wütend.

Enttäuschungen solcher Art und einige Misserfolge haben dazu geführt, dass ich einige Jahre später den Beruf als Sänger aufgegeben habe.

Um mich von dem Milieu der Chansonniérs fernzuhalten, bin ich nach Ibiza ausgewandert, um dort ein ganz anderes Leben zu versuchen. Ich sprach ja Spanisch und so konnte ich mich auf dieser Insel leicht zurechtfinden. Damals war sie noch nicht groß in Mode. Mit

Sohn des Nebels

Erfolg versuchte ich mich auf anderen kommerziellen Gebieten (Kunsthandwerk, Kleider, Restaurants, Bau und Restaurierung alter Fincas und all das half mir, meine Vergangenheit als Künstler zu vergessen.

Sohn des Nebels

Ich fühle mich noch immer nicht in das normale Leben integriert. Die Konzentrationslager haben dafür gesorgt, dass ich schon frühzeitig abgebrüht war, dass ich zu keinem starken Gefühl von Angst, Liebe oder Freude fähig bin.

Das hindert mich daran, ungezwungen zu sein, einen draufzumachen, mich zu amüsieren. Ich bin immerzu auf der Hut. Diese Vergangenheit hat bei mir Komplexe hinterlassen und das stört mich. Die deutsche Sprache regt mich auf, das ist geradezu körperlich und ich habe es nicht unter Kontrolle. Ich identifiziere unbewusst die Sprache und meine Deportation. Einmal habe ich sogar versucht, mit einem Deutschen Freundschaft zu schließen, ohne Erfolg. Eines Tages habe ich zwei Anhalter mitgenommen. Sie sprachen Deutsch. Unter dem Vorwand, etwas vergessen zu haben und umkehren zu müssen, habe ich sie wieder aussteigen lassen.

Ich lehne es ab, nach Deutschland zu reisen. Ich gehörte zu einer Gruppe von Modeschöpfern, doch ich habe mich geweigert, zur Modemesse nach Düsseldorf zu reisen. Meiner Arbeit hat es geschadet, aber ich habe meine Abneigung nicht überwinden können. Ich bin nicht dafür, die Deutschen von der Schuld freizusprechen. Ich bin davon überzeugt, dass es eine so massive Propaganda gegen die Juden gegeben hat, dass alle Leute mit ihrer Verfolgung und Vernichtung einverstanden waren. Ich will nicht alle Deutschen verurteilen, aber ich bleibe dabei, dass sie alle mitverantwortlich waren. Ich kann nichts

Sohn des Nebels

Siegfried Meir 1999

dafür, das denke ich nun einmal. Selbst die Söhne jener Deutschen scheinen die Überheblichkeit ihrer Väter geerbt zu haben. Ich hege keine Abneigung gegen Deutschland. Es ist eher eine Allergie. Nicht einfach gegen das Land, sondern vor allem gegen die deutsche Sprache. Elf Jahre lang war es meine Muttersprache (zusammen mit Jiddisch). Sie ist mir zur Hasssprache geworden. Wenn man mit mir im Lager Französisch gesprochen hätte, wäre es genauso gewesen. Wenn ich die spanische Sprache so sehr liebe, dann wegen der Zärtlichkeit, die mich mit meinem Adoptivvater verbunden hat.

In Ibiza, wo ich gelebt habe, fragten die Englischsprachigen, ob man Englisch sprechen könne, die Franzosen versuchten es auf Spanisch. Die Deutschen hingegen fühlten sich als etwas Besseres. Wenn sie in meinen Laden kamen, dann sprachen sie Deutsch und waren sicher, verstanden zu werden. Wer von Überlegenheit spricht, sagt damit, dass er einen Unterlegenen vor sich hat. Und man muss wohl glauben, dass sie eine Art Überlegenheit haben. Ihr wirtschaftlicher Erfolg scheint es zu beweisen.

Ich habe mich oft gefragt, ob es mir gefallen würde, mich an all das gemeinsam mit jemand zu erinnern, der dasselbe erlitten hätte.

Ehemalige Gefangene haben mir aus Israel und aus Australien geschrieben, aus Israel ein Mann, aus Australien eine Frau, Fanny. Sie hatte sich nach dem Tod meiner Mutter um mich gekümmert, bis ich ins Männerlager verlegt wurde.

Rein zufällig sah ich neulich eine Sendung über jüdische Kapos, darin kam auch Fanny vor. Sie war ein Kapo gewesen. Und sie gehörte zu denen, die in der Sendung aussagten. Zuerst konnte ich sie gar nicht zuordnen. Nur anhand ihres Namens und eines eingerahmten

Fotos aus jungen Jahren habe ich sie wiedererkannt. Es hat mich ziemlich wütend gemacht, wie dort alles vermischt wurde und unterschiedslos alle Kapos verurteilt wurden. Es gab gute, neutrale und schlimme. Einige waren von ihrer Macht besessen, korrupt und sadistisch. Dreckskerle. Manchmal waren sie brutaler als ihre deutschen Herren. Andere entschieden sich dafür, eher ihr Leben zu retten, als sich aus nutzlosem Heldentum zu opfern. Sie benahmen sich wie normale Beamte, als Ausführende. Es gab aber auch Gerechte, wie etwa Fanny oder meinen Adoptivvater, die ihre Funktion ausnutzten, um den Häftlingen zu helfen.

Ich war überrascht, dass diese Leute mich wiedersehen wollten, aber ich hatte nicht das Gefühl, dass ich ihnen viel zu sagen hatte. Ich habe ihnen geantwortet, dass ich sehr gerührt bin über ihre Briefe, dass ich aber keinen Wert darauf legte, die Vergangenheit wieder lebendig werden zu lassen. Anfangs versuchte

Sohn des Nebels

Siegfried Meir 1999

ich noch, mit Hilfe des Roten Kreuzes nach meinem Bruder suchen zu lassen oder etwas über die Familie meiner Mutter zu erfahren, die in die USA emigriert war. Ohne Ergebnis. Ich habe mich auch nicht allzu sehr bemüht. Ich hatte Angst, dass man mich meinem Adoptivvater wegnimmt, der mein wahrer Vater geworden war und den ich nicht verlassen wollte. Als ich in Paris wohnte und später dann in Ibiza, kam er mich jedes Jahr einmal besuchen. Er tat es bis zu seinem Tod im Jahr '79. Er hatte einen sehr sanften Tod, ohne Schmerzen. Er kam vom Broteinkaufen zurück, setzte sich auf eine Bank und stand nicht mehr auf.

Ich frage mich, warum ich zum Beispiel überhaupt keine Erinnerungen an meine Eltern mehr habe. Ich erinnere mich an kein einziges Gespräch mit meiner Mutter. Vielleicht ist das ja eine Art bewusster Verdrängung. Manchmal bedaure ich es. So wie ich es auch bedaure, dass ich kein Deutsch mehr spreche. Ich habe es aus meinem Gedächtnis getilgt. Dabei hätte es mir durchaus gute Dienste leisten können. Schon rein beruflich zum Beispiel.

Ich habe einfach keine Lust, mich an all das zu erinnern, und ich bin darüber gar nicht glücklich. Wenn man miterlebt, wie sich Leute für ein bisschen Essen gegenseitig umbringen, dann kann man nicht mehr an das menschliche Wesen glauben. In den Konvois habe ich gesehen, wie Gefangene Leichen gegessen haben, ich weiß nicht, womit sie sie zerteilt haben. Wenn du das überlebt hast, dann fragst du dich, ob das überhaupt wahr ist. Und da du dir nicht eingestehen kannst, dass es das wirklich gegeben hat, bekommst du Lust, es zu vergessen. Kennst du den Film *Deliverance* von John Borman? Als ich diesen Film sah, musste ich über die Reaktion des Kerls nachdenken, der vergewaltigt wurde und der, um sich davon zu überzeugen, dass es nicht geschehen ist, die anderen bittet, nicht darüber zu reden.

Sohn des Nebels

Auch ich schäme mich dessen, was ich erlebt habe.

Und doch rede ich mit dir darüber. Das passiert mir zum ersten Mal.

Sohn des Nebels

Als Siegfried zu sprechen aufhörte, wollte ich ihm einige von meinen Erlebnissen aus jenem Land erzählen, das er nie wieder betreten wird.

Ich habe Deutschland 1974 kennen gelernt. Ein bayerischer Produzent schlug eine einwöchige Konzertreise durch die Bundesrepublik vor. Nach langem Zögern habe ich zugesagt.

In Freiburg im Breisgau und später in Heidelberg lernte ich ein sehr junges und begeistertes Publikum kennen. Später dann erhielt ich Einladungen, in verschiedenen Städten im ganzen Land zu singen.

Sohn des Nebels

Es schien keinerlei Sprach- oder Gefühlsbarrieren zu geben. Ohne auch nur ein Wort Deutsch zu können, kommunizierte ich mit Hilfe der Musik, der Gesten, der Blicke. Als ich gefragt habe, was wohl für Deutsche an französischen Chansons interessant sein könnte, in denen doch die Worte immerhin eine gewisse Bedeutung haben, da hat man mir geantwortet:

»Wir verstehen zwar nicht immer, was du sagst, aber wir wissen genau, wie du es meinst. Die Gedanken, die du singst, sind uns vertraut. Und das gefällt uns. Außerdem ist da ja noch die Musik.«

Im Deutschen Museum in München, im Berliner Olympiastadion, in dem Hitler seine Reden gehalten hatte, sang ich Lieder, die mir in den dreißiger oder vierziger Jahren Gefängnis oder Deportation eingebracht hätten. Auf beiden Seiten der Mauer gab es die gleiche Resonanz, die gleiche Herzlichkeit. Ich

Sohn des Nebels

Georges Moustaki und die portugiesische Percussionistin und Sängerin Marta Contreras 1983 in der Alten Oper in Frankfurt/ Main

Sohn des Nebels

gehörte zu den ausländischen Künstlern, die in die musikalische Szene Deutschlands vollkommen integriert waren, genau so wie José Feliciano, Chris de Burg, Leonard Cohen und einige andere. Des öfteren stand mein Name auf Plakaten für musikalische Großereignisse neben den Namen deutschsprachiger Topstars.

Auch wenn mit der Zeit der Verkauf meiner Platten und die Häufigkeit meiner Auftritte in Deutschland zurückgegangen sind, so werde ich dort noch immer als Freund empfangen.

Sohn des Nebels

Auf der Autobahn, die zum Münchener Flughafen führt, steht ein Schild, das den Weg nach Dachau angibt. Ich nutzte einen freien Tag zwischen zwei Auftritten und bat meinen Produzenten, mit mir dorthin zu fahren.

»Du wirst sehr enttäuscht sein«, sagte er. »Es ist eine Art Disneyland geworden.«

Seine Antwort verwunderte und schockierte mich. Ich dachte, er meint es als Provokation, und so bestand ich auf meinem Vorhaben.

Das Konzentrationslager hat sich in eine ordentlich angelegte Gedenkstätte verwandelt. Die Gaskammer und die Baracken sind zu Museumsstücken geworden. Touristen in geblümten Hemden und Shorts lachen fröhlich und lassen sich vor dem Mahnmal knipsen.

In dieser banalisierten Form kam mir Dachau noch trostloser vor.

Sohn des Nebels

Georges Moustaki 1988 in Frankfurt/Main

Sohn des Nebels

Auf einer Tournee gab ich ein Konzert in der Nähe von Paderborn, gar nicht weit entfernt vom Schloss Wewelsburg, in dem Himmler die SS für ihre Initiationsrituale versammelt hatte. Mein Begleiter schlug mir einen Ausflug dorthin vor. Dieses Überbleibsel des Dritten Reiches wirkte herrisch und anmaßend. Man konnte sich gut vorstellen, wie in den riesigen Kuppelsälen, in denen die Gruppenführer tagten, die finsteren Schwadronen im Laufe der Rituale fanatisiert worden waren.

Als wir wieder ins Freie kamen, um frische Luft zu atmen, entdeckten wir im Schlosshof

Sohn des Nebels

ein riesiges Schachspiel mit entsprechend großen Figuren. Es hatte gewiss zur Zerstreuung der SS-Leute gedient. Mein Produzent schlug mir eine Partie vor. Schon bei den ersten Zügen spürte ich, dass dieser Schachkampf gegen einen deutschen Partner an dem Ort, an dem man die Diener des Regimes nach Hitlers Ideen ausgerichtet hatte, für mich eine besondere symbolische Bedeutung haben würde. Auch wenn mein Partner in keiner Weise nazistischer Ideen verdächtig war.

Im Allgemeinen ist es mir gleichgültig, ob ich beim Schach gewinne oder verliere, aber dieses eine Mal wollte ich unbedingt siegen. Nach einer äußerst angespannten Partie gewann ich dann auch – zu meiner großen Erleichterung.

Sohn des Nebels

Georges Moustaki 1999

Da ich nicht im totalitären Deutschland und nicht einem besetzten Teil Europas gelebt habe, kann mein Bild der deutschen Nachbarn natürlich nichts gemein haben mit jenem von Siegfried. Das mediterrane, sonnige, heitere, unbekümmerte Judentum, das meine Kindheit geprägt hat, hat mich sowohl vor dem antisemitischen Anfeindungen als auch vor jeglichem Sektierertum bewahrt.

Ich habe versucht, ihn zu überreden, mich auf einer meiner Konzertreisen jenseits des Rheins zu begleiten, damit er sich – wie es andere Deportierte ja auch getan haben – ein anderes

Bild von seinem Geburtsland machen kann. Er hat es stets abgelehnt. Dieses Kapitel ist noch nicht abgeschlossen. Und wird es auch niemals sein.

Sein spätes, aber starkes Bedürfnis, endlich zu reden, mir von allem zu erzählen, und sein Eifer, mir bei der Suche nach Zeugnissen und Dokumenten zu helfen, damit ich mir eine genauere Vorstellung von allem verschaffe, was er mir anvertraut hat, bringen mich zu der Schlussfolgerung, dass auch die Überlebenden der Todeslager noch heute Opfer ihrer nazistischen Henker sind.

Sohn des Nebels

Siegfried Meir und Georges Moustaki 1999

Bildnachweis

Soweit nicht anders angegeben, stammen die Abbildungen aus dem Privatbesitz der Autoren.

Irmeli Jung (Seiten 91, 95, 108, 111)
dpa München (Seiten 101, 105)